www.kakanien.eu

Dann das Messer in seiner Hand. Er hat den Vatermord wörtlich genommen. Glücklicherweise ist er kleiner als ich. Und schwächer. Ich komme nicht ran an ihn. Die Geschichte, die ich später mit einer seiner Studienkollegin hatte, war auch nicht förderlich für eine gute Vater-Sohn-Beziehung. Eigentlich etwas ganz Normales. Irgendwie sprach sich das rum. Mein Sohn war völlig aus dem Häuschen. Mehr noch als meine Frau. Wir führen ja an sich eine offene Beziehung. Ich habe versucht, meinem Sohn zu erklären, dass es sich dabei schlicht um die Aufarbeitung meines Ödipuskomplexes.
- - - Ich suche meine Mutter. Als Sexualpartnerin. Sie werden sich jetzt fragen, wie alt die Dame ist und wenn Sie erfahren, dass sie 27 Lenze zählt, werden Sie einwenden, dass sie schwerlich meine Mutter sein kann, weil sie 30 Jahre … also präziser: 34 Jahre jünger ist als ich. Das beweist allerdings nur, dass ich in einer früheren Phase stecken geblieben bin.

Der Autor
Erich Ledersberger, 1951 in Wien geboren.
Lehrer und Schriftsteller,
lebt in Innsbruck und Wien.

Veröffentlichungen
Fünf. Sieben. Fünf. 34 Haiku mit 34 Radierungen, BoD, 2019
Als mein Ich verschwand, Kurzgeschichten, BoD, 2017
Ich bin so viele, Kurzgeschichten, BoD, 2014
Filzbuch 01, Satiren, entertainyoumedia, 2008
Maria fährt, Erzählung, Kyrene, 2004
Schnitzel mit Beilage, Satiren, BoD, 2001
Wiener Brut, Satiren, rororo, 1986
Ein Autor sieht rot, Theaterstück, Bunte Bühne, 1985
Alles im Lot, Gedichte und Kurzgeschichten FF&LM, 1984
Ende der Salzstreuung, Gedichte, Eigenverlag, 1982
Beiträge in diversen Anthologien

Erich Ledersberger

Der aufgelöste Mann

Theaterstück für eine Person

Bibliografische Information der Deutschen Nationalbibliothek:
Die Deutsche Nationalbibliothek verzeichnet diese Publikation in der Deutschen Nationalbibliografie; detaillierte bibliografische Daten sind im Internet über http://dnb.dnb.de abrufbar.

© 2020 Erich Ledersberger
Umschlaggestaltung und Layout: Klaudia Fuchs
Herstellung und Verlag: BoD - Books on Demand, Norderstedt

ISBN: 9783752848090

1. ANKUNFT

Siegfried Hase, Sexualtherapeut, zwischen 50 und 65 Jahre

Hotelsuite/Apartment, gehobene Kategorie

Siegfried sperrt von außen auf und betritt den Raum.
Er hat eine große Tasche umgehängt - mit den üblichen elektro-
nischen Ausrüstungsgegenständen des modernen Menschen.
Er betrachtet das Zimmer genau - er ist geübt in solchen Din-
gen.
Er legt die Tasche auf den Schreibtisch, öffnet den Schrank,
begutachtet ihn.
Er besichtigt Badezimmer und WC, setzt sich auf das Sofa, dann
auf den Lehnstuhl.
Er geht in das Schlafzimmer (es ist nicht sichtbar, nur durch
eine Tür zu betreten) und testet dort das Bett. Es quietscht.

SIEGFRIED
        Naja.

Er nimmt das Haustelefon.

SIEGFRIED
        Professor Hase hier - ja, ich nehme das
        Zimmer für ein paar Tage. Sagen wir mal
        acht. Wie viel kostet es dann?

Er hört zu.

SIEGFRIED
        Und für zwei Wochen? - - - - -
        Dann nehme ich es zwei Wochen. Vorläu-
        fig. - - - Noch etwas: das Bett
        quietscht. Können Sie das in Ordnung
        bringen? - - Danke, sehr freundlich.
        Lassen Sie die Koffer vor die Tür stel-
        len. Der Page soll einfach anklopfen. -
        - - Ah, es gibt keinen Pagen? Das wusste
        ich nicht. Dann stellen Sie die Koffer
        einfach vor die Tür. Danke. - - Ja,
        Ihnen auch einen schönen Abend.

Er legt auf, öffnet seine Tasche und legt - ordentlich, pedan-
tisch - seine Utensilien auf den Schreibtisch:
Notebook, Handy, Ladegerät etc.

Das Handy klingelt

SIEGFRIED
>   Hallo, mein Sonnenschein – das ist lieb,
>   dass du anrufst. - - - Ja, alles bes-
>   tens, das Zimmer ist wunderbar. Fast ein
>   Apartment. - - - Danke, im Moment brau-
>   che ich nichts. - - - Lass uns morgen
>   telefonieren. Im Moment bin ich vor al-
>   lem eines: müde. Und ich muss mich noch
>   auf den Vortrag vorbereiten. - - - Ja,
>   das schaff ich schon. - - - Ja, ja. Ich
>   drück dich auch. Bis dann.

Er legt auf, seufzt tief.
Es klopft an der Tür – Siegfried öffnet, die Koffer stehen vor
der Tür, er holt sie herein.

SIEGFRIED
>   Danke!

Er trägt die Koffer herein – öffnet einen und holt die wich-
tigsten Utensilien heraus, zwei Flaschen Wein.
Er stellt sie auf den Tisch, holt den Korkenzieher, öffnet ei-
ne Flasche, schenkt sich in das Glas ein.

SIEGFRIED
>   Na denn, Prost und an die Arbeit!

Er trinkt energisch, stellt das Glas auf den Schreibtisch,
setzt sich, öffnet das Notebook.

SIEGFRIED
>   Schön ist es hier. – Das wollen wir mal
>   festhalten.

Tippt in seinen Computer.

SIEGFRIED
>   Sammeln ist eine zutiefst menschliche
>   Angewohnheit. Deshalb darf kein Satz der
>   Nachwelt vorenthalten werden.

Er lächelt in das Notebook, klickt einen Buchstaben an, der
ein Foto von ihm macht.

SIEGFRIED
>   Und kein Bild! Wozu haben wir all die
>   Festplatten erfunden, wenn wir sie nicht
>   nutzen?
>   Bilder sind das Schönste auf der Welt.
>   Und sie sind verteufelt Wert ihr Geld.

Rascher Siegfried he, rascher Siegfried
he....

Wir werden die Welt ersticken lassen an
unseren Fotos. Fotos von Orten, von
Schicksalen, von Menschen, von Urlauben,
von Festen, vom Alltag – Bilder, Bilder,
Bilder.

Er hält das Notebook in den Zuschauerraum und macht ein weiteres Foto, tippt weiter.

SIEGFRIED
 Und Tagebücher! Mit Fotos von den Orten,
 an denen man sich befindet, dazwischen
 selbst produzierte Videos, Stimmen –

Er schaltet auf Audio.

SIEGFRIED
 Liebe Kinder! Das ist eine Audionachricht von eurem Vater. Ich wollte euch
 nur sagen, dass ich gut angekommen bin
 und es mir gut geht. Du, liebe Anna,
 weißt das ja schon, weil du mich gerade
 angerufen hast. Ich werde euch das alles
 per Mail schicken, damit ihr wisst, dass
 es mir gut geht. – Wie gesagt, es geht
 mir ausgezeichnet, das Zimmer hier ist
 sehr schön. Fast ein Apartment. – – –

                    (zögert)

Das habe ich schon gesagt.

                    (spricht wieder
                    ins Mikro)

 Nein, das lösche ich jetzt wieder.

Er klappt das Notebook zu, geht zu seinem Koffer und packt ein paar Dinge aus: Pyjama, Kulturbeutel, Tabletten. Ein großes Foto. Er betrachtet es ausführlich und stellt es mit dem Rücken zum Rauminneren auf den Boden.
Das Notebook beginnt zu piepen. Eine Computerstimme meldet sich.

COMPUTERSTIMME

       Es war schön mit dir, Siegfried. Aber
       nun bin ich müde. Ich gehe schlafen.
       Ciao und baba!

*Er nimmt ein Ladekabel, sucht die Steckdose, findet sie. Er
verbindet das Kabel mit dem Notebook, setzt sich an den
Schreibtisch, klappt das Notebook auf.
Gibt etwas ein, nichts geht.
Er greift zum Handy, ruft seinen Sohn an.*

SIEGFRIED

       Hallo Bärli, hier ist Papa. - - - Ja,
       ich bin gut angekommen. Alles bestens. -
       - - Du, ich hab da ein Problem. Mein
       Notebook stellt keine Verbindung ins In-
       ternet her. - - - Natürlich habe ich das
       Kabel angeschlossen. - - - Warum soll
       ich es nochmals probieren? Weil zwei Mal
       minus plus ergibt? Seltsame Logik. - - -
       Mathematik habe ich noch nie gemocht.

Er tut es dennoch.

SIEGFRIED

       Jetzt funktioniert es. Komische Technik.
       Und da halten Menschen die Psychoanalyse
       für unwissenschaftlich. Danke jeden-
       falls. Du, ich habe hier so einen großen
       Monitor, kann ich da vielleicht meinen
       Computer anschließen? - - - Woher soll
       ich wissen, ob das Ding einen US-
       Anschluss hat? - - - Von mir aus auch
       USB. Und wie sieht das Kabel aus? - - -
       Sprich bitte deutsch mit mir! - - -
       Graues Kabel, aha. Ja, das schaut sehr
       grau aus. - - - Mhm, das Ding hat aber
       viele Anschlüsse. Wo es passt reinste-
       cken? Und wozu habt ihr dann diese tol-
       len Namen, wenn es ohnehin so einfach
       ist? - - - Gut. Und jetzt? - - - Fn und
       F7, ja, habe ich - - - Hey! Tatsächlich,
       es funktioniert! - - - Danke, Bärli. Ich
       muss noch meinen Vortrag vorbereiten.
       Ich melde mich morgen bei dir. - - - Al-
       les in bester Ordnung. Ciao.

*Er legt auf. Am TV-Monitor ist das Bild des Notebooks erschie-
nen.*

Er öffnet die Datei mit seinem Vortrag. Blickt auf den Monitor, beginnt den Vortrag zu sprechen.

SIEGFRIED
> Geschätzte Teilnehmerinnen und Teilnehmer, mein Vortrag beschäftigt sich mit dem Problem hypersexueller Aktivität nach der midlife-crisis im Kontext länger währender Beziehungsdauer im Zeitalter andauernden Wachstums sexuell potenter Lebenszeit.

Er zögert.

SIEGFRIED
> Sehr schön. - - - Lag zu Sigmund Freuds Zeiten die durchschnittliche Lebenserwartung noch bei etwa 40 Jahren, hat sie sich auf heute 80 Jahre erhöht. Parallel dazu erhöhte sich die durchschnittliche Gebärzeit der Frauen nur unwesentlich. Die durchschnittliche Zeugungskraft des Mannes allerdings lag immer schon bei bis zu 80 Jahren! Vor kurzem erst wurde ein 86-jähriger Greis Vater - - - Daher stellt sich aus biologischer Sicht die Frage nach der Sinnhaftigkeit monotoner, - - - die Fehlleistung muss ich mir noch überlegen. Ist vielleicht zu banal? Andererseits … Jedenfalls stellt sich aus biologischer Sicht die Frage nach der Sinnhaftigkeit monogamer Beziehungen über eine bestimmte Dauer hinaus. Als Psychoanalytiker gehe ich von der These aus, dass das Es Ich werden soll und sehe in der fortschreitenden Lebenszeit eine Chance auf immer höheres Bewusstsein der menschlichen Triebsituation zum Wohle …

Das Handy klingelt. Siegfried lehnt ihn ab.

SIEGFRIED
> (überlegt)
> Vielleicht ist es im sexuellen Sinn sogar gut, früher zu sterben. Man erspart sich jede Menge Probleme. – Das kann ich natürlich nicht sagen, besser ist:

*Er blickt auf seinen Vortrag auf dem Monitor und setzt ihn
fort:*

SIEGFRIED
> … eine Chance auf immer höheres Bewusst-
> sein der menschlichen Triebsituation zum
> Wohle des Einzelnen. Sexuelle Freiheit
> endet, um es mit Immanuell Kant zu sa-
> gen, immer dort, wo die sexuelle Frei-
> heit des Anderen beziehungsweise für Fe-
> ministinnen: der Anderen beginnt.

*Siegfried lacht zufrieden, weil er sich die Reaktionen der Zu-
hörerinnen gut vorstellen kann.*

SIEGFRIED
> Deshalb …

*Das Handy klingelt wieder. Siegfried betrachtet stirnrunzelnd
den Anrufer, der eine Anruferin ist. Er hebt widerwillig ab.*

SIEGFRIED
> Ja? - - - Ach, du bist es. - - - Nein,
> ich habe nicht darauf geachtet, wer an-
> ruft. Dein Misstrauen ist wirklich
> zwangsneurotisch. - - - Ja, ich habe das
> Foto bei mir. - - - Ich werde es weder
> im Internet veröffentlichen noch in ei-
> nem Museum ausstellen. - - -
> Ich bin kein Zyniker, ich bin Realist.
> Da bleibt einem nur der Zynismus. - - -
> Nein, die Trommel mit Waschpulver habe
> ich nicht bei mir. Ich bin gerade ange-
> kommen und weiß noch nicht, wo die
> Waschmaschine steht. - - - Natürlich bin
> ich allein. Abgesehen von meinem Note-
> book. Falls du das als Konkurrenz
> siehst.

Anruferin hat aufgelegt, Siegfried klappt das Handy zu.

SIEGFRIED
> Die Welt ist ein Palast voller Verhäng-
> nisse. - Früher mochte ich Schopenhauer
> gar nicht.

*Siegfried nimmt einen großen Schluck aus seinem Glas, es ist
fast leer. Er holt Nachschub aus dem Kühlschrank, schenkt ein,
trinkt.*

SIEGFRIED
                    (Setzt Vortrag
                    fort.)

        Natürlich unter der Voraussetzung, dass,
        wie Sigmund Freud schrieb, «im Seelenle-
        ben nichts, was einmal gebildet wurde,
        untergehen kann». Und wir, mit dem Fort-
        schreiten der Vernunft, die zwar leise
        ist, aber siegen wird –

                    (Wiederholt lei-
                    se.)

        Die zwar leise ist, aber siegen wird?
        Ein frommer Wunsch.

Er nimmt noch einen Schluck aus seinem Glas.
Geht zu seinem Notebook, verfasst eine neue Audiobotschaft.

SIEGFRIED
        Liebe Kinder! Die Wahrheit ist ein Dia-
        mant, der in der Dunkelheit leuchtet. –
        – – Ich möchte euch mitteilen, dass eure
        Mutter mich vor die Tür gesetzt hat. Sie
        hat mir zwei Koffer gepackt und glaubt,
        ich hätte die Trommel mit Waschpulver
        mitgenommen. Die fehlt mir am wenigsten.
        Aber, wie gesagt, mir geht es gut, um
        nicht zu sagen: alles bestens! Euer Pa-
        pa.

Er schenkt sich ein Glas Wein ein. Trinkt es schnell aus.

SIEGFRIED
        Nein. – – – Nicht senden. Löschen.

Dunkel.

2. MORGENSTUND

Wecker (=Handy) klingelt - Siegfried liegt auf dem Sofa und wird mühsam wach.

SIEGFRIED
        Magda! - Mach bitte den Wecker aus. -
        Magda!

Siegfried orientiert sich langsam. Zwei leere Weinflaschen am Boden.

SIEGFRIED
                        (Wird sich über
                        seine Lage klar.)

        Ich darf nicht so viel trinken. Wo bin
        ich gleich? Ja, München. Vortrag an der
        Universität. - - - Auf in den Kampf.

Siegfried entfernt die leeren Flaschen, holt frische Wäsche aus dem Koffer und will in das Badezimmer gehen.

Das Handy klingelt, er hebt nicht ab.

WEIBLICHE STIMME
        Liebes Schneckerl, ich wollte dir nur
        mitteilen, dass ich dir alles Gute für
        deinen Vortrag wünsche. Ich bin sicher,
        alle sind so begeistert von dir wie ich.
        Aber lass dich nicht von einer Studentin
        verführen! Du weißt, junge Frauen wollen
        immer nur das Eine.

Siegfried seufzt und geht ins Badezimmer. Duschgeräusche. Er singt laut.

SIEGFRIED
        Wochenend und Sonnenschein
        und ich mit dir
        im Wald allein
        mehr braucht es nicht
        zum Glücklichsein
        Wochenend und Sonnenschein.

Duschgeräusche enden, Siegfried trocknet sich ab, singt weiter:

SIEGFRIED
        Ich hab das Fräul'n Helen
        baden sehn, das war schön
        ……

Handy lässt Ton für SMS hören.

Siegfried putzt die Zähne.

SIEGFRIED
        Like a bird
        on the wire
        like a …
        in …
        I have tried
        on my way
        to be free.

Siegfried kommt aus dem Badezimmer, wirkt eher verloren als
«free».
Sieht sein Handy leuchten, liest die Nachricht.

SIEGFRIED
        Guten Morgen. Tut mir leid, dass ich so
        früh mich melde, aber mir geht es
        furchtbar schlecht. Können Sie mich bit-
        te zurückrufen? Ich verliere allmählich
        meine - folgt Text zwei - Contenance. -
        - - Aber Sie brauchen sich keine Sorgen
        zu machen. Es ist alles wunderbar. Der
        Suicid ist keine Lösung. Noch nicht. Es
        grüßt Sie Ihre Margot.

Siegfried zögert.

SIEGFRIED
                        (mit dem Publikum
                        plaudernd)

        Können Sie sich noch daran erinnern, als
        Menschen sich in Hauseingänge zurückzo-
        gen, weil es ihnen peinlich war, mit ei-
        nem dieser Dinger erwischt zu werden? Es
        muss Jahrhunderte her sein. Heute rufen
        Patienten ihren Arzt zu jeder Tageszeit
        an, um ihm mitzuteilen, dass sie nicht
        krank sind.

Er schaltet das Handy aus, den Computer an und geht ins Bade-
zimmer. Der Computer entwickelt sein kommunikatives Eigenle-
ben.

Per Lautsprecher werden mehrere Mails angekündigt (etwa mit
dem wunderbaren Jingle: «Y've got a mail»), dann klingelt es.

Auf dem Zimmermonitor ist das Bild des Notebooks zu sehen –
eventuell der Anrufer, nämlich Siegfrieds Sohn.

SOHN
> Hallo Dad – du bist online, aber ich
> sehe dich nicht. Hast du deine Webcam
> ausgeschaltet? – – – Dad? Wo bist du? –
> – – Oder hast du wieder deine automati-
> sche Abhebfunktion eingeschaltet und
> bist gar nicht da? Ist extrem antiöko,
> ist dir das klar? Na dann, jedenfalls
> alles Gute…

Siegfried kommt aus dem Badezimmer und setzt sich zu seinem
Notebook.

SIEGFRIED
> Hier bin ich! War gerade im Badezimmer.

SOHN
> Hast du dein Headset nicht mit?

SIEGFRIED
> Beim Duschen?

SOHN
> Warum nicht? Da gibt es ein echt cooles
> von Peaches, das kannst du sogar unter
> Wasser verwenden.

SIEGFRIED
> Unter Wasser verstehst du sicher nicht,
> was ich sage.

SOHN
> Ich versteh dich auch oberhalb des Was-
> sers nicht. Ich wollte nur wissen, ob du
> schon gecheckt hast, dass es Headsets
> für Shower gibt.

SIEGFRIED
> Nein. Und wohin legst du das Kabel?

SOHN

      Das geht per Funk. Du lebst wirklich im
      vorigen Jahrhundert.

SIEGFRIED

      Und ich hätte nie gedacht, dass ich mich
      mal danach sehne.

SOHN

      Ein typisches Seniorenproblem: Früher
      war alles besser.

SIEGFRIED

      Sagen heute schon die 16-jährigen.

SOHN

      Senioren gibt es in jeder Altersstufe.
      Am schlimmsten sind die, die im Alter
      auf jung machen.

SIEGFRIED

      Ich höre eine gewisse Aggression aus
      deiner Stimme raus.

SOHN

      Falls du den Satz persönlich nimmst: du
      hast recht, er ist so gemeint.

SIEGFRIED

      Warum rufst du so früh an? Das ist nicht
      deine Zeit.

SOHN

      Weil ich noch nicht schlafen gegangen
      bin. Außerdem wollte ich dich fragen,
      wie es dir geht.

SIEGFRIED

                  (Die Überraschung
                  ist groß.)

      Wie es mir geht? Wunderbar. Warum fragst
      du?

SOHN

      Kommst du nach dem Vortrag wieder nach
      Hause?

SIEGFRIED

> Nein. Das heißt, ja. Schon. Aber nicht
> gleich.

SOHN

> Aha. Und wann genau ist das?

SIEGFRIED

> Hast du ein Problem?

SOHN

> Ändert das etwas an deiner Terminpla-
> nung?

SIEGFRIED

> Natürlich. Ich bin immer für dich da.
> Das weißt du doch!

SOHN

>   (lacht)
> Sehr witzig!

SIEGFRIED

> Ist irgendwas?

SOHN

>   (Schüttelt den
>   Kopf.)
>
> Ach, vergiss es. - - - Alles Gute für
> deinen Vortrag jedenfalls. Tschüs.

Sohn legt auf.

SIEGFRIED

>   (Schweigt kurz.)
> Er war schon immer schwierig, mein Sohn.
> Schon als Kind.
> Als er in die Schule sollte, wusste er
> beim Aufnahmegespräch weder seine Adres-
> se noch konnte er die Schuhbänder knüp-
> fen. Als ich ihn am Abend fragte, warum
> er keine Antwort gegeben hat und plötz-
> lich keine Schuhe binden konnte, sagte
> er: Ich will nicht in die Schule.
> Später Haschisch, dann Speed. Gemeinsam
> mit dem Sohn eines Staatsanwalts ein Mo-
> ped gestohlen. Unfall. Verletzt.
> Aufmerksamkeit! Er konnte nie genug da-
> von bekommen.

SIEGFRIED

>Dann das Messer in seiner Hand, als ich in der Badewanne lag. Er hatte den Vatermord wörtlich genommen. Glücklicherweise ist er kleiner als ich. Und schwächer. Ich komme nicht ran an ihn.

>(Zum Publikum.)

>Die Geschichte, die ich später mit einer Studienkollegin von ihm hatte, war wohl auch nicht förderlich für eine gute Vater-Sohn-Beziehung. Irgendwann sprach sich mein kleines Verhältnis bis zu ihm rum. Mein Sohn war völlig aus dem Häuschen. Mehr noch als meine Frau. Wir führen ja an sich eine offene Beziehung. Ich habe versucht, meinem Sohn zu erklären, dass es sich dabei schlicht um die Aufarbeitung meines Ödipuskomplexes. - - - Ich suche meine Mutter. Als Sexualpartnerin. Sie werden sich jetzt fragen, wie alt die Dame war und wenn Sie erfahren, dass sie 27 Lenze zählte, werden Sie einwenden, dass sie schwerlich meine Mutter sein kann, weil sie 30 Jahre …

>(Er rechnet
>nach.)

>also präziser: 34 Jahre jünger ist als ich. Das beweist allerdings nur, dass ich in einer früheren Phase steckengeblieben bin. Das ist ganz normal in einer männlichen Entwicklung. Und die hört nie auf. Und bei den Frauen wird das auch so sein.

>Da fällt mir ein: Bei Madonna beschwert sich niemand über den Altersunterschied zu ihrem aktuellen Freund. Nur bei Michael Jackson war alles anders. Diskriminierung findet vermehrt gegen Männer statt.

Er schaltet seinen Vortrag auf dem Monitor ein.

SIEGFRIED
        Jedenfalls habe ich in zwei Stunden ei-
        nen Vortrag. - - -

                        (Er setzt in sei-
                        nen Vortrag ein.)

        Sexuelle Freiheit endet, um es mit Imma-
        nuell Kant zu sagen, immer dort, wo die
        sexuelle Freiheit des Anderen bezie-
        hungsweise für Feministinnen: der Ande-
        ren beginnt.
        Unter der Voraussetzung, dass, wie Sig-
        mund Freud schrieb, «im Seelenleben
        nichts, was einmal gebildet wurde, un-
        tergehen kann», können wir uns daher ge-
        rade im Alter vermehrt der Auseinander-
        setzung mit dem Unbewussten widmen.

                        (Er zögert)

        Ich habe ihm sogar professionelle Hilfe
        angeboten. Ich kenne natürlich etliche
        gute Therapeuten. Er wollte, dass **ich**
        hingehe.

Es klopft. Siegfried geht zur Tür, spricht mit dem Zimmerser-
vice.

SIEGFRIED
        Guten Morgen, oh, das Frühstück. - - -
        Danke.

Er kommt mit dem Frühstückstablett ins Zimmer.

SIEGFRIED
        Tolles Service. - - - Habe ich nicht er-
        wartet.

Er schaltet den PC ab.

Beginnt zu frühstücken.

SIEGFRIED
        «Frühstücke wie ein Kaiser, esse mittags
        wie ein König und abends wie ein Bett-
        ler.»
        Hat meine Mutter immer gesagt und daran
        halte ich mich bis heute.

Genießt Semmel, Ei, Schinken etc., dazwischen Café schlürfend.

SIEGFRIED

Beim Frühstück gebe ich mich ganz meinen
Gedanken hin. Da darf mich niemand stö-
ren.
Ich habe meine Frau übrigens auch immer
in ihrem Beruf unterstützt. Sie ist
Grundschullehrerin und muss immer in der
Früh raus. Da kann ich danach gut den-
ken.

Bei meinem letzten Vortrag ist mir übrigens aufgefallen, dass die anwesenden
Frauen immer jünger werden.
Meine Frau behauptet zwar das Gegenteil,
dass nämlich ich immer älter werde, aber
das stimmt so nicht.

Subjektiv altern immer nur die Anderen.
Man selbst bleibt so jung, wie man sich
fühlt - meiner Ansicht nach bin ich
höchstens 50, in Wirklichkeit gerade 40
geworden. Die Veränderung der Wahrneh-
mung ist das Glück des Alters.

Darum werde ich auch nie mit diesen Se-
niorentypen durch Rom oder Athen radeln.

Sie kennen diese Figuren doch?
Mit tausenden Falten im Gesicht und ju-
gendlicher Energie in den Beinen radeln
sie alles nieder, was sich ihnen in den
Weg stellt. Vollgepumpt mit Supradyn 50
Plus und anderen Geriatrica zeigen sie
allen, die es nicht wissen wollen, was
in ihnen steckt.
Kein Fußgänger wird von ihrer gnadenlo-
sen Energie verschont, kein Auto kann
solche Gruppen besessener Rentner über-
holen.

Der Sturm auf die Bastille war eine
Kleinigkeit gegen den Ansturm solcher
Pensionistenhorden aufs Goldene Dachl,
den Eifelturm oder die Marienkirche.
Da hilft nur eines: Flucht!

Zwei Jahre später sehen die meisten von

SIEGFRIED
> ihnen aus wie Papst Benedict, aber bis
> dahin lassen sie noch einmal so richtig
> die Sau raus.
>
> Nein, da mache ich nicht mit, dafür bin
> ich zu jung.

Er zündet sich einen Zigarillo an.

SIEGFRIED
> Vor einem Jahr habe ich den Vertrag mit
> dem Fitnesscenter gekündigt. War nur
> mehr Stress. Dystress, um es genau zu
> sagen.
>
> Da fällt mir die Geschichte eines Kolle-
> gen ein. Der war mit einem Projekt be-
> schäftigt, es hieß «Underdogs und ihre
> Realität» - oder so ähnlich.
> Er wollte unbedingt Feldforschung be-
> treiben und war in den Schichten unter-
> wegs, die man heute «bildungsfern»
> nennt.
> Lumpenproletariat hat Marx das genannt,
> aber so genau will das heute niemand
> mehr benennen. Klingt zu negativ. Vor
> allem dürfen die heute alle wählen, also
> sind alle notgedrungen freundlich zu
> ihnen.
>
> Jedenfalls trieb er sich morgens in die-
> sen Kreisen rum und wähnte sich völlig
> unauffällig.
> Ein naiver Mensch, aber im Grunde gutmü-
> tig. Was aber nichts nützt. Im realen
> Leben.
>
> Jedenfalls schaute er, in seine Gedanken
> - oder was er dafür hält - versunken ei-
> nen jungen Mann aus dem gesuchten Milieu
> an.
>
> Bei denen ist das aber wie bei den Hun-
> den: nie zu lange in die Augen schaun,
> sonst werden die aggressiv.

SIEGFRIED

Mein Freund ist weder Zoologe noch Psychologe – ehrlich gesagt kein großer Unterschied zwischen diesen Berufen – nein, er ist Soziologe.

Die gehen davon aus, dass der Mensch so wird wie seine Umwelt. Da haben sie zwar recht, aber das nützt ihnen nichts, weil sie diese Umwelt nur aus Büchern kennen.

Jedenfalls schaut er dem jungen Mann unschuldig und viel zu lange in die Augen, worauf der meintE:
»Hey, Alter, willste Stress?«

Mein Freund antwortete, wissenschaftlich interessiert, ob er Eustress oder Dystress meinte.

Ich habe ihn am nächsten Tag in der Intensivstation besucht.

Er sah scheußlich aus. Überall Schläuche. Aus allen Körperöffnungen. Er hatte einen mehrfachen Bruch des Jochbeins, Rippenquetschungen und natürlich Hämatome. Wenn ich mich richtig erinnere, war die Leber auch demoliert. Nicht vom Alkoholkonsum, sondern von den Schlägen. Und alles wegen des Wortes Dystress! Das muss man sich mal vorstellen.

Er hat sein Projekt dann ohne Feldforschung abgeschlossen und sich nicht mehr den bildungsfernen Schichten gewidmet, sondern der Aktienspekulation.

Da war er sehr erfolgreich. War noch vor dem Platzen der großen Blase. Er lebt jetzt, soviel ich weiß, auf der Insel von Gauguin. Naja, manchmal ist der Aufenthalt in einer Intensivstation ein wahres Glück.

A propos intensiv:
Früher wollte ich mal Künstler werden.
Oder zumindest Schriftsteller.

SIEGFRIED

Hab ich mir dann anders überlegt.
Wenn Sie sich vorstellen, dass Sie als
Schriftsteller unter den günstigsten Be-
dingungen von einem Reich-Ranicki fertig
gemacht werden, vergeht Ihnen der Wunsch
auf der Stelle.

Nein, da war mir der Beruf des Sexual-
therapeuten lieber. Selbständig und
ständiges Wachstum. Was will man mehr?

Die psychischen Erkrankungen haben ja
einen Zuwachs, davon kann die Wirtschaft
Europas nur träumen!

Mein Geschäftszweig läuft bestens. Natürlich bekommen wir die Krise auch zu
spüren. Immer weniger können sich ein
paar Stunden pro Woche Freizeit, also
Psychoanalyse leisten.

Darum bin ich jetzt immer öfter als
Coach unterwegs. Das ist eine Art «The-
rapie light». Die Menschen wollen das!
Also kriegen sie es. Ein bisschen billi-
ger, ein bisschen oberflächlicher – ich
diversifiziere. Wenn das jeder Schipro-
duzent macht, warum soll ich es nicht
auch machen?

Das Frühstück nähert sich dem Ende.

Siegfried schaltet sein Handy wieder ein.

Es läutet sogleich.

SIEGFRIED

(Hebt ab.)

Ja? - - - Guten Morgen, Herr Kollege. -
- - 11 Uhr? Ich dachte 12 Uhr! - - -
Keine Sorge, geht sich alles locker aus.

SIEGFRIED
                    (Zum Publikum.)

        Tut mir leid. Da ist ein Fehler pas-
        siert. Ich muss mich beeilen!

Ab ins Badezimmer.

Dunkel.

3.   ÜBERWACHUNG

Leere Bühne, aus dem Schlafzimmer kommen, nach Augenblicken
der Stille, leise Töne. Könnten erotisch sein, gehen aber ins
Schmerzhafte über.

SIEGFRIED
        Ahhh…. Tut das weh.
        Was für ein Bett! Absolut triebmindernd.

Siegfried kommt aus der Tür, die zum Schlafzimmer führt.
Er hat einen Pyjama an. Sieht ins Publikum, schlurft ins Bade-
zimmer.
Leere Bühne wieder.
Geräusche der Morgentoilette.

SIEGFRIED

                        (Vom Badezimmer.)

        Ich darf nicht so viel trinken. Das
        lässt die Haut altern. Außerdem wird man
        davon impotent. - - - Vielleicht ein
        Glück.

Er kommt aus dem Badezimmer. Putzt seine Zähne.

SIEGFRIED
        Kongresse sind eine Folter für den Ver-
        stand. Zum Glück geht's abends dann so
        richtig zur Sache. Neue wissenschaftli-
        che Erkenntnisse gibt es ja kaum, aber
        irgendwie muss der Städtetourismus ge-
        fördert werden. Und das Geschlechtsle-
        ben.

        Mein Vortrag kam übrigens ganz gut an,
        zumindest bei den Gleichaltrigen - und
        die sind bei uns leider die Mehrheit.
        Nicht nur ästhetisch gesehen ein Prob-
        lem. Glücklicherweise saß in der dritten
        Reihe eine junge rothaarige Kollegin.
        Sie hat mich ein wenig abgelenkt. - - -
        Am Ende stellte sie noch die seltsame
        Frage, welchen Wert ich der sexuellen
        Treue zumesse! Ich konnte mich kaum auf

SIEGFRIED
den Inhalt der Frage konzentrieren - Sie
verstehen? Die Dame war von jener
Schönheit, die mich immer schon faszi-
niert hat. Ich möchte jetzt nicht auf
meine Fixierungen eingehen, das führte
zu weit. Jedenfalls schlank, aber nicht
zu schlank; zierlich, aber fest; sie
hatte sogar ein kleines Bäuchlein - wenn
ich richtig gesehen habe, ich hatte nämlich keine Brille auf. - - - Jedenfalls
meinte sie, dass in ihrer Praxis das
Problem der Promiskuität keine große
Rolle mehr spiele. Sie arbeite übrigens
hauptsächlich mit Jugendlichen.

Das muss man sich vorstellen! Da kämpfen
wir seit Jahrzehnten für eine Normali-
sierung der Sexualität, für eine Befrei-
ung von bürgerlichen Besitzvorstellungen
- und dann interessiert das die Jugend
gar nicht!

Meine Tochter Anna übrigens auch nicht.
Sie ist seit zehn Jahren mit einem Jungen namens Peter zusammen. - Sie wird
nächsten Monat 25! Eine Wohnung haben
sie schon gekauft. Inklusive Kinderzim-
mer! Meine Frau will ihr Babysachen kau-
fen. Zum Geburtstag. Da bleibt mir nur
die Hoffnung, dass das Peterle unfrucht-
bar ist.

Manchmal kommt es mir vor, als würde
diese Generation absichtlich gegen ob-
jektive Erkenntnisse vorgehen, nur um
gegenüber uns Alten Recht zu behalten.
Eine seltsame Protestbewegung.

Er geht ins Badezimmer, um auszuspülen.
Kommt in einem Trainingsanzug wieder.

SIEGFRIED
Ich werde heute einen Ruhetag einlegen.
Den Vortrag von Professor Maier kenne
ich schon, den hält er seit zwei Jahren.
Er wechselt bloß die Städtenamen aus.

SIEGFRIED
        Ein moderner Vortragsnomade der Wissen-
        schaft.

*Er holt Dehnbänder aus seinem Koffer. Beginnt mit leichten
Übungen. Ans Publikum direkt.*

SIEGFRIED
        Wie gesagt habe ich den Vertrag mit mei-
        nem Fitnessstudio gekündigt und mir die-
        se Bänder gekauft. Nicht aus Sparsam-
        keit, sondern weil ich Menschen, die
        schwitzen und keuchen, nicht ertrage.
        Jedenfalls wenn sie Sport betreiben.

                (Keuchend.)

        Öffentliche Sublimierung ohne sexuellen
        Abschluss ist mir ein Gräuel.

Er müht sich beflissen mit den Bändern ab.

SIEGFRIED
        Ich stehe dem Sport nicht prinzipiell
        negativ gegenüber. Nur wenn er der
        Volksgesundheit dient. Dann wird mir
        schlecht.

                (Führerrede.)

        Ein gesundes Volk, ein biologisch-
        dynamisches Reich und ein sauberer Füh-
        rer, demokratisch gewählt! No drugs, no
        sex, no fun. Gesund sterben – und zwar
        lokal und regional. Damit die Betreu-
        ungskosten gesenkt werden. Für das Volk!

                (Normal.)

        Im Grunde genommen geht es im Sport,
        wenn er berufsmäßig ausgeübt wird, um
        schlichtes Imponiergehabe. Schaun Sie
        sich einen Affen an, wenn er nach einem
        Sieg an seine Brust trommelt und danach
        einen Fußballer, der ein Tor geschossen.
        Zero Unterschied! Selbst beim Tennis,
        einer einst seriösen Sportart können Sie
        das beobachten: geballte Fäuste, wildes
        Gestikulieren mit den Unterarmen, lautes

SIEGFRIED

      Brüllen. Beim Mannschaftssport kommt
      dann noch das angedeutete Kopulieren
      zwischen Gleichgeschlechtlichen dazu. -
      - - Sieht bei Eishockeyspielern schon
      seltsam aus. Aber bei Fußballern wartet
      man nach einem Torerfolg nur noch da-
      rauf, dass der Gruppensex vor dem Du-
      schen auf grünem Rasen vollzogen wird. -
      - - Und beim letzten Tennisspiel der
      Frauen dachte ich, ihr Schreien wäre die
      Synchronisation für einen Porno.

Dehnungsübungen.

SIEGFRIED

      Für den Sexualtherapeuten bleibt Sport
      das, was er biologisch sein soll: Vorbe-
      reitung auf den Sexualakt.

      Puh, anstrengend!

SIEGFRIED

      Das Alter ist eine Katastrophe. - Sollte
      Ihnen jemals ein Mensch sagen, das sei
      die tollste Zeit im Leben, so was wie
      der jährliche Urlaub oder dass mit 66
      Jahren das Leben beginnt: schmeißen Sie
      ihn raus.

      Man wird übrigens auch nicht weise. Dazu
      hat man keine Zeit. Die Knochen tun ei-
      nem weh, und nur ein Idiot glaubt, dass
      dagegen etwas hilft. Glücklich sind nur
      jene, die freien Zugang zu diversen Dro-
      gen haben.

      Geben Sie sich keinen Illusionen hin:
      der Mensch stirbt und vorher ist er al-
      lein. Je älter desto mehr. Nicht nur
      beim Fernsehen. Auch beim Einschlafen.
      Und in der Ehe. Besser: Beziehung. Dort
      ein bisschen weniger allein, aber immer
      einsam. Wie eine Katze.

      Haben Sie mal versucht einer Katze sozi-
      ales Verhalten beizubringen?
      Hoffnungslos.

SIEGFRIED

    Und im Grunde ist der Mensch eine Katze.
    Katzen haben nur eines im Sinn:
    fressen. Danach kommt das Trinken von
    Milch und schließlich: sich vermehren.
    Vögeln wäre bei einer Katze wirklich der
    falsche Ausdruck.

    Egoismus pur. Denen ist es völlig
    wurscht, wer ihnen das Fressen hin-
    stellt. Hauptsache, es ist eines da. Da-
    rum mögen alleinstehende Menschen Katzen
    – weil sie ihnen gleichen wie ein Ei dem
    anderen. Oder eine Katze der anderen.

    Hundeliebhaber glauben noch an das Gute
    im Menschen. Beziehungsweise eher im
    Hund. An Ordnung und Unterwerfung. An
    Gott also.

    Der Mensch befiehlt, der Hund gehorcht.

    So haben es Hundebesitzer gerne – auf
    der ganzen Welt.

    Ich hatte mal einen Schauspieler in The-
    rapie. Der hatte einen Hund. Und immer,
    wenn er sagte «Fass» – also der Schau-
    spieler, Hunde sprechen an sich undeut-
    lich – dann biss der Hund den Schauspie-
    ler ins Bein. Falsch programmiert, sagt
    man heute. Damals war man noch menschen-
    orientiert und nannte das einen latenten
    Masochismus.

    A propos Masochismus: genug trainiert
    für heute.

*Er schaltet seinen PC ein, startet eine Audiodatei, schaltet
den Monitor dazu, damit alle es sehen können.*

FRAU

    Ahhh, du, mein allerliebstes Schnurzel-
    chen – hmm, das tut gut. Ja, hier, da
    habe ich es gerne. – – – Au, nicht so
    fest. Noch nicht. Erst später. Ja, ja,
    ja … fest. Jetzt! Komm. Steck mir dein
    Schnutzelwutzel rein.

Siegfried stoppt die Aufnahme.

SIEGFRIED

> Schnutzelwutz! – So hat sie mit mir auch
> geredet. Ich habe es ihr verboten, weil
> ich bei solchen Ausdrücken sofort einen
> Schwächeanfall bekomme. Mit einem
> Schnutzelwutz kriegt kaum jemand einen
> Orgasmus. Mit dem macht man nur Pipi.

Schaltet Datei wieder ein.

MANN

> Mmmmm mmmm mmmm

FRAU

> Ah, ja, ah,

MANN

> Oh, oh, da, da, da hast du es.

FRAU

> Ja, nimm mich endlich!

MANN

> Jetzt ich gebe dir alles. Alles was ich
> habe. Aaaahhh!

Siegfried spielt zurück, nochmals die Stimme des Mannes.

MANN

> Jetzt ich gebe dir alles. Alles was ich
> habe. Aaaahhh!

SIEGFRIED

> Hier übersteuert es etwas. Ich habe ver-
> gessen, die Automatik anzustellen.
> Wenn man sich vorstellt, dass dieser
> Mann ein Plädoyer vor Gericht hält …
> das ist nämlich Robert. Mein guter, al-
> ter Robert, mein Freund und Anwalt.
>
> Dass man Freunden nicht trauen kann, war
> mir schon immer klar. Aber wenigstens
> einem Anwalt! Von dem habe ich mir mehr
> erwartet. Obwohl: alles hat seine guten
> Seiten. Think positive!

Lehnt sich entspannt zurück.
Audiodatei läuft weiter, aber Siegfried hat leiser gestellt.

SIEGFRIED

Natürlich war ich beim ersten Anhören
etwas überrascht. So viel Temperament
hatte ich nicht erwartet. Weder von Robert noch von meiner Frau Magda. - - -
Später fand ich es sogar irgendwie, wie
soll ich sagen … anregend. Also nicht
Robert!
«Alles was ich habe.» Also bitte! Klein-
vieh macht auch Mist, hat meine Mutter
immer gesagt.
Nein, Männer interessieren mich vom Ero-
tischen her nicht. Aber dass meine Frau
… ich meine: im Laufe der Zeit lässt die
sexuelle Anziehung doch nach. Mehr oder
weniger. Bei uns eher mehr. Ein schlei-
chender Prozess. Anfangs lenken einen
noch die Sorgen mit den Kindern ab. Irgendwann sind die erwachsen - oder was
man so dafür hält. Dann redet man über
die Arbeit, den Urlaub … und gewöhnt
sich daran, dass in Sachen Sex nichts
mehr läuft.

Alles ist geregelt, alles ist sicher,
eine pragmatisierte Beziehung. Man wird
Beamte der Liebe. Mit anderen Worten:
Langeweile macht sich breit.

Und dann das!

Audiodatei, die parallel dazu im Hintergrund läuft.

MANN

Mein Gott, war das schön.

FRAU

Du bist wunderbar. So … kräftig! Mein
kleines, süßes Bärchen!

MANN

Weil du so gut zu mir bist. So zärtlich.
Mein Häschen du.

FRAU

Möchte das Bärchen noch einmal ein
Häschen haben?

MANN

Du bist ja unersättlich, du kleines Ka-
ninchen du.

FRAU

Ja. Ich will von dir gefressen werden.
Mit Haut und Haaren. … Ja, komm, beiß
mich, küss mich …

MANN

Du! Ach du! Du, du, mein Hasi, mein
Häschen, mein Kätzchen.

FRAU

Nein, nicht Kätzchen. Kätzchen sagte
Siegfried immer zu mir.

MANN

Dann sage ich nichts mehr … ah, ah…

FRAU

Ja. So ist es gut. Noch mal, wie vorhin.
Aber fester. Noch fester.

Siegfried schaltet ab.

SIEGFRIED

Zwei Mal hintereinander! In Magdas Alter! - - - Gut, sie ist ein wenig jünger
als ich, aber trotzdem. Bei mir wollte
sie es nie fester.

(Nachdenklich.)

Es ist ein Problem, wenn man eine offene
Beziehung führt und plötzlich die Part-
nerin das ernst nimmt.

Das Haustelefon klingelt.

SIEGFRIED

Ja? - - - Welche Übersiedlungskartons? -
- - Von wem? Ich meine: Wer ist denn der
Absender? - - - Magda Hase? Nicht zu
fassen. - - - Nein, nein, alles klar.
Haben Sie einen Abstellplatz? - - Danke.
Ich sehe sie mir später an. Wiederhören.

Siegfried legt auf.

SIEGFRIED
        Das Häschen schickt mir meine Anzüge.
        Das darf doch nicht wahr sein!

Das Handy klingelt, Siegfried hebt ab.

SIEGFRIED
        Robert! Ich habe gerade an dich gedacht.
        - - -
                        (Hört aufmerksam
                        zu.)

        Mhm. Mhm. Okay. - - - Interessant. Wegen
        sexueller Untreue? Mhm. - - - Nein, das
        leugne ich nicht. - - - Aber ich bitte
        dich! Warum soll das unsere Freundschaft
        belasten, wenn du meine Frau juristisch
        vertrittst? Das ist dein Job als Rechts-
        anwalt. Obwohl, ist das bei euch nicht
        auch so, dass sexuelle, also private
        Aufgaben mit beruflichen nicht vermischt
        werden sollen? - - - Entschuldige, das
        war ein Freudscher Versprecher. Kommt in
        den besten Familien vor. Gerade dort. -
        - - Ja, dann werde ich mich wohl um ei-
        nen anderen Rechtsanwalt umsehen müssen.
        - - - Ja. Du, eine Frage: Gelten vor Ge-
        richt eigentlich Tonaufnahmen, die ohne
        Einverständnis der Beteiligten gemacht
        wurden, als Beweismittel? - - - Mhm.
        Nein, war nur so eine Frage. - - - Ciao
        Robert.

Siegfried legt auf.

SIEGFRIED
        Hm. Seltsam. Wozu man so fähig ist.

        Dann werde ich mal nachsehen, was in den
        Kisten ist. Vielleicht hat Magda mir
        auch die Hanteln eingepackt.

Dunkel.

4.   DAHEIM

Das Apartment hat sich verändert – einige Fotos und Bilder an den Wänden, Blumen, nahezu heimelig.

Siegfried ist äußerlich etwas verwahrlost, macht aber einen vergnügten Eindruck.

Er hängt die Bilder gerade, alles wird geordnet.

SIEGFRIED
        Ordnung ist das halbe Leben, sagte mein
        Vater. Und die andere Hälfte ist Vergnü-
        gen und Chaos. Ein seltsamer Mensch,
        mein Vater. Ich weiß nichts über ihn. Ob
        er eine Freundin hatte?
        Da war immer eine Aura von Erotik um
        ihn, ich konnte mir nicht vorstellen,
        dass er mit meiner Mutter zusammen blei-
        ben würde – immer fürchtete ich mich da-
        vor, dass er eines Tages weg sein würde.
        War letztlich auch so. Er starb eines
        Tages einfach.

Er schaltet sein Notebook ein.

SIEGFRIED
        Meine Mutter hatte sicher nie ein außer-
        eheliches Verhältnis. Schon aus hygieni-
        schen Gründen nicht. Es ekelte sie vor
        allem, was mit Säften zu tun hat:
        Schweiß, Schleim, Körpergeruch – alles
        Menschliche war ihr fremd. Kein Wunder,
        dass ich Psychoanalytiker geworden bin.

                    (Spricht in das
                    Notebook.)

        Liebes Tagebuch, seit meiner Analyse ha-
        be ich nicht mehr mit dir geredet. Es
        ist viel passiert in den letzten Jahr-
        zehnten. Zum Beispiel muss ich nicht
        mehr selbst schreiben, sondern nur lang-
        sam sprechen. - - - In den letzten

SIEGFRIED

> Wochen hat sich mein Leben verändert. Wo
> soll ich anfangen?

> (Er zögert.)

> Ich wohne seit kurzem in einem gemütli-
> chen Apartment.

> (Er blickt skep-
> tisch um sich.)

> Ich bin jetzt beinahe ein Single. Die
> Scheidung findet in einem Monat statt.
> Einvernehmlich. Ich habe nämlich einen
> neuen Anwalt gefunden. Eine Anwältin!
> Sie ist sehr gut und sieht auch gut aus.
> Außerdem macht es sich vor Gericht gut,
> wenn man als Mann eine Frau hat. Als An-
> wältin, meine ich. Gendermäßig bringt
> das Pluspunkte.

> Mein Ex-Freund Robert hat eingesehen,
> dass es nicht gut ist, wenn er ein Ver-
> hältnis mit seiner Klientin hat. - - -
> Daraufhin hat meine Frau auch nicht mehr
> darauf bestanden, dass ich sie mutwillig
> verlassen hätte und ihr sexuell untreu
> gewesen sei. Ich habe großzügig darauf
> verzichtet, den guten Robert bei der An-
> waltskammer anzuzeigen. Ende gut, alles
> gut. Naja… Magda geht mir ab. Irgendwie.

Ein Klingelzeichen des Computers – ein Mail ist gekommen.

SIEGFRIED

> Ah, Marlies! Toll, diese Singleplattfor-
> men. Man muss nur verdammt aufpassen,
> dass man seine Persönlichkeiten nicht
> durcheinander bringt. - - - Ich habe
> mich bei mehreren angemeldet, mit unter-
> schiedlichen Profilen. Ich wollte wis-
> sen, welcher Typ am besten ankommt. Je-
> denfalls kommt es nicht auf das Alter
> an! Wichtig ist der Stil.

SIEGFRIED

> Also der Schreibstil. Auf kluge Worte
> reagieren die weiblichen Singles wie
> Barracudas auf Fleischbrocken.

> (Liest vor.)

> Lieber Emanuel – das bin ich – , ich
> finde es einfach wunderbar wie du
> schreibst. Schon seit vielen Jahren ….

> (Er liest nicht
> weiter.)

> Naja, Marlies ist ein eigener Fall. Sie
> schreibt elendslange Mails. Fast schon
> Briefe. Ein Germanist hätte seine Freude
> daran. Keine Ahnung, warum Menschen
> glauben, das Internet sei ein Rück-
> schritt in Sachen Schreibkultur. Es wird
> in solchen Mengen geschrieben, dass die
> Frankfurter Buchmesse dagegen ein lite-
> rarisches Dorffest ist.

Siegfried steht auf, streckt sich, macht Entspannungsübungen.

SIEGFRIED

> Das einzig Schädliche ist die Verkramp-
> fung des Nackens. Aber dagegen gibt es
> einfache Übungen. Die zum Beispiel.

*Siegfried senkt das Kinn, hebt die linke Schulter und neigt
danach den Kopf nach links. Dabei:*

SIEGFRIED

> Ich habe übrigens meine Praxis still ge-
> legt. 25 Jahre als Therapeut den Proble-
> men anderer Menschen zuzuhören reicht.
> Ja, das habe ich tatsächlich gemacht.
> Kennen Sie den Witz?
> Ein junger Psychologe schleicht fix und
> fertig aus der Praxis. Gegenüber hat ein
> älterer Kollege auch eine. Der kommt im-
> mer frisch und munter raus. Da fragt ihn
> der Junge eines Tages: «Wie machen Sie
> das? Sie sind am Ende eines Tages

SIEGFRIED

>　frischer als am Morgen. Und das, nachdem
>　sie ihren Klienten stundenlang zuhören
>　müssen.» Darauf antwortet der Alte: «Zu-
>　hören? Wer spricht von Zuhören?»
>
>　Naja, der Witz ist ein wenig plump. Je-
>　denfalls ist bei mir jetzt Schluss mit
>　zuhören! Ich werde in Zukunft mehr auf
>　mich eingehen.

Weiteres Mail kommt.

SIEGFRIED

>　Lieber Robert - na ja, das war auch
>　plump, mich auf einer Plattform Robert
>　zu nennen - , du hast zwar den gleichen
>　Namen wie mein Mann, aber das scheint
>　das einzig Gemeinsame zu sein. Er ist
>　ein gnadenloser Langweiler vor dem
>　Herrn, mit anderen Worten: ein Lehrer
>　mit Tiroler Wurzeln. Immer einen Bibel-
>　spruch bei der Hand, wenn es um Sex
>　geht. Und ansonsten in seine Schularbei-
>　ten vertieft. Sehen wir uns im real
>　life?

Weiteres Mail kommt.

SIEGFRIED

>　Das nervt allmählich.

>　　　　　(Liest.)

>　Hei Silvio! Du bist aber ein toller
>　Hengst. Hoffentlich nicht so alt wie der
>　Berlusconi. Scherz! Schick dir mal ein
>　paar Fotos von mir, damit du ein
>　bisschen Vorfreude haben kannst. Warte
>　auf deine. Bin schon ganz geil, wenn ich
>　an unser erstes Treffen denke. Deine sü-
>　ße Maus Pam. - Pem?

Siegfried öffnet auf seinem PC die Fotos.

SIEGFRIED

>　Um Gotteswillen. - - - Und das schicken
>　sich die jungen Leute so zu?

SIEGFRIED

   Silvio, Silvio, wer bin ich denn als
   Silvio?

Ortet sein Profil.

SIEGFRIED

   Silvio, italienisches Temperament ge-
   paart mit deutschem Ordnungssinn. 39
   Jahre jung. Bayrischer Unternehmer. Po-
   litisch rechts von der CSU stehend, also
   an der Wand klebend.

                    (Er zögert ver-
                    schämt. Betrach-
                    tet die Fotos.)

   Nicht schlecht, dieser blauäugige Musso-
   linityp. Also die Enkelin natürlich. Der
   alte Benito sah ja aus wie eins seiner
   Gebäude: praktisch quadratisch.

                    (Schreibt zu-
                    rück.)

   Liebe Maus - - - nein, liebes Mäuschen.
   Mir wächst etwas in der Hose, das ich
   dir bald zeigen werde … nein, das
   rutscht ins Pornographische ab. Oder
   hoch! - - - Also gut, dann seriös: liebes Mausilein, auch ich bin voller Vor-
   freude auf unser erstes Treffen. Wo soll
   es stattfinden? Ich schicke dir ein paar
   Fotos von mir, damit wir uns erkennen!

   So, wo sind die Fotos von meinem Sohn?
   Ach, da – und ab die Post!

   Bevor ich Sexualtherapeut geworden bin,
   hatte ich ja ganz andere Berufswünsche.
   Ich wollte Page in einem teuren Hotel
   werden. Das war, nachdem ich die «Be-
   kenntnisse des Hochstaplers Felix

SIEGFRIED

Krull» gelesen habe. Da hatte ich meine
erste Ejakulation. Immerhin auf hohem
literarischen Niveau - Thomas Mann! Immerhin Nobelpreisträger. Das einzige
erotische Buch, das ich in der Biblio-
thek meiner Eltern finden konnte. Daraus
können Sie ableiten, welchen Stellenwert
Sexualität bei uns hatte.

(Zitiert.)

«Armand» - als Page musste Felix sich
Armand nennen - «treibe es wüst mit mir.
Ich bin ganz dein, bin deine Sklavin!
Geh mit mir um wie mit einer Dirne! Ich
verdiene es nicht anders und Seligkeit
wird es mir sein! Sag du Hure! Wir ein-
ten uns aufs Neue.»

Später brauchte ich dann schon Felix
Salten für einen Orgasmus. Nicht Bambi
natürlich, sondern Josefine Mutzenba-
cher. Mein literarisches Niveau sank
ständig.

Dazwischen wollte mir mein Pfarrer zeigen, wie man die Genitalien gründlich
reinigt. Alles am lebenden Objekt, also
an mir. Ich war damals ministrieren.

Auch so eine komische Geschichte. Meine
Eltern sind nämlich nicht-arisch, also
mein Vater zumindest. Mosaisch. Jude.
Noch dazu nicht gläubig, sondern Sozia-
list. Er ist gerade noch rechtzeitig dem
Gas entkommen. Nach England. Dann wieder
zurück. Werde nie begreifen, warum. Die
Verwandtschaft umgebracht, ihre Mörder
grinsend am Leben. Irgendwann hat er
seine Wohnung wieder bekommen, die ihm
die Nazischweine gestohlen haben. War
eher Zufall. Und immer schlechtes Gewis-
sen. Nein, nicht die Nazischweine, er,
der Überlebende. - - - Sind ja gar nicht
tot, die Juden. Wollen ihr Eigentum

SIEGFRIED

wieder. So haben die geredet. Mein Vater
nicht. Hat geschwiegen. Habe ich alles
später erfahren, von einem seiner Genos-
sen, der ihn besucht hat. Der war eine
Kämpfernatur. Ging in den Untergrund.
Hat danach ein paar Nazis umgebracht.
Nach dem Krieg. War irgendwie fröhlicher
als mein Vater. Vielleicht, weil er den
Mördern vergeben hat, nachdem er sie umgebracht hatte. Vielleicht ist schreien
besser als schweigen. Jedenfalls ge-
sünder.

Mich haben meine Eltern getauft. Die
kommen wieder, hat mein Vater gesagt.
Die sind nicht umzubringen. Er hat die
christlichen Hahnenschwanzler gemeint,
die Vorläufer der Nazis.

Ich habe ihm die Geschichte mit der
Schnutzelwutz-Hygiene nicht erzählt. Wo-
möglich hätte er den Pfarrer umgebracht.
Selbst Schafe werden zu Wölfen, wenn es
um ihre Kinder geht.

Ich habe das Problem auf meine Weise ge-
löst. Habe auf einen Jesus gespuckt, der
an der Wand hing und geschrien, dass der
Heiland ein Jude ist. … Ich weiß gar
nicht, warum ich das gesagt habe. Damals
wusste ich noch nicht, dass ich selbst
ein Jude bin. Halbjude oder Vierteljude
zumindest.

Jedenfalls hat es gewirkt. Ich durfte
nicht mehr ministrieren. Gewundert hat
mich nur, dass mein Vater nichts gesagt
haben. Wahrscheinlich hatte er sogar
deshalb Schuldgefühle.

Komisch, wenn die Eltern eine Mauer des
Schweigens sind. Irgendwann interessiert
jeden, woher er kommt. Wohin man geht
weiß man sowieso nie. Aber wenigstens
woher man kommt: Das will man wissen.
Das ist etwas Festes. Das war schon. Daran kann niemand etwas ändern. - - - Sie

SIEGFRIED
        haben mir nichts gesagt. Darum habe ich
        mir vorgenommen: Das mit den Schuldge-
        fühlen - das spielt es bei mir nicht.
        Wenn einem alle Verwandten und Freunde
        umgebracht worden sind, dann hat man
        keine Schuld mehr zu haben.

Das Skype-Telefon klingelt.
Siggi am Monitor.

SIEGFRIED
        Hallo Sohnemann. Alles okay?

SOHN
        Naja. Nicht wirklich.

SIEGFRIED
        Was ist los? Probleme in der Arbeit?

SOHN
        Nein, Papa. Es gibt auch außerhalb der
        Arbeit Probleme.

SIEGFRIED
        Ist mir bekannt.

SOHN

                        (Unangenehmes
                        Schweigen.)

        Kann ich dich mal besuchen?

SIEGFRIED
        Aber sicher! Jederzeit. Wann willst du
        denn kommen?

SOHN
        In einer Stunde?

SIEGFRIED
        In einer Stunde? Das ist schlecht. Weil,
        ich habe schon einen Termin.

SOHN
        Morgen?

SIEGFRIED
        Morgen ist super. Nein. Auch schlecht.
        Da habe ich einen Klienten.

SOHN

    Und abends?

SIEGFRIED

    Da treffe ich Erich.

SOHN

    Und wie sieht es nächstes Jahr aus?

SIEGFRIED

    Sei nicht gleich zynisch! Was gibt es überhaupt Wichtiges? Wir können doch telefonieren, das ist fast so, als wärst du hier.

SOHN

    Ach. Plötzlich findest du virtuelle Treffen für normal? Und hast du nicht gerade gesagt, es ginge jederzeit?

SIEGFRIED

    Ja. Prinzipiell schon.

SOHN

    Prinzipiell ist nicht wirklich. Oder? Nennt ihr das nicht double bind oder so? Du weißt schon, die widersprüchlichen Botschaften, die direkt in die Schizophrenie führen?

SIEGFRIED

    Danke für die Belehrung. – Also, worum geht es denn? In Wirklichkeit? Im «first life» sozusagen.

SOHN

    Mama geht es schlecht. …

                (Wartet hoffnungsvoll.)

    Hörst du mich?

SIEGFRIED

    Ja.

SOHN

    Und? - - - Willst du nicht wissen, warum es ihr schlecht geht?

SIEGFRIED
                    (Überlegt.)

        Wenn du mich so fragst. - - - Nein.

SOHN
        Du bist wirklich ein, ein mieses …
        Arschloch!

Sohn legt auf, Siegfried nachdenklich.

SIEGFRIED
        Hm. Arschloch. - - - Vielleicht hat er
        sogar recht. Aber das kann man auch an-
        ders sagen. Naja, als Sohn vielleicht
        nicht. Nähe verpflichtet. Auch zu harten
        Worten.

        Vielleicht sollte ich ihm sagen, warum
        wir uns getrennt haben. Weiß ich das
        überhaupt? Das bisschen Sexualität au-
        ßerhalb unserer Ehe war es nicht. Das
        hat uns höchstens belebt. War es dieser
        widerliche Alptraum aus Arbeit, Haushalt
        und Einladungen? Das Spiel der Masken?
        Keine Zeit für Sinnlichkeit mehr, für
        ein Gefühl, das sich unterhalb des Na-
        bels angesiedelt hat. Spiele, Rollen –
        eine Tragödie mit Clowns als Akteuren.
        Die einen brauchen Kokain, die anderen
        Alkohol und die restlichen ihre Arbeit,
        damit sie einen Sinn finden in ihrem be-
        schissenen Leben. - - - Was sind wir
        doch für lächerliche Figuren!

        Warum wir uns getrennt haben? Keine Ah-
        nung. Ich liebe Magda nämlich. Das habe
        ich noch gar nicht erwähnt. Ich wäre
        noch immer gerne bei ihr. Auch ohne Sex.
        Kennen Sie das Gedicht von Erich Käst-
        ner?
        Da kam ihnen plötzlich die Liebe abhan-
        den, wie anderen Stock oder Hut.

        So ist es uns ergangen.

SIEGFRIED

>Warum haben wir uns getrennt, lieber Sohnemann? Weil wir geglaubt haben, dass unsere sexuelle Anziehungskraft so dauerhaft ist wie ein Volkswagen? Der fährt und fährt und fährt bekanntlich.

>Und weil wir, nein: Ich unsere Beziehung auf diesem Glauben aufgebaut habe? Nicht darauf, dass Liebe etwas zu tun hat mit Dauer. Unabhängig von Sexualität. Die vergeht nämlich. Die Liebe nicht.

>Lieben ist nicht einfach. Zu viel steht dagegen. Der eigene Schwanz ist das geringste Hindernis. – Was ist Liebe? Einander achten? Sich achten? Ihr zuhören, sie lassen? Ihn anlächeln, wenn er in schmutzigen Unterhosen dasteht und weint, weil er traurig ist? Ihn umarmen, ihm beistehen, ihn lieben, weil man ihn kennt.

Mail kommt. Mit Audiodatei.

PAM

>Lieber Silvio, sei mir nicht böse. Ich sehe nicht so aus wie auf dem Foto. Ich nehme an, auch du siehst anders aus. Lass uns einfach weiter so schreiben, als wären wir die, die wir nicht sind. Das macht mehr Spaß als das zu sein, was wir sind. Oder?

5.   GLÜCK

*Siegfried ist zufrieden – er hat sich mit einer Frau getroffen
und ist stolz auf sich.*

Seine Kleidung ist dem Anlass entsprechend.

SIEGFRIED
                        (Atmet glücklich
                        ein.)

          Das war ein ausgesprochen netter Abend.
          Marie-Eclaire. Klingt wie ein Dessert.
          Naja, Namen sind Glückssache. Siegfried
          klingt ja auch bedeutender als sein Trä-
          ger es ist.

          Die Dame ist zwar etwas jünger als ich,
          aber man ist so jung wie man sich fühlt.
          Im Moment fühle ich mich wie 20. Höchs-
          tens wie 25. Vor einem Jahrhundert wäre
          ich in meinem Alter bloß tot gewesen.
          Und heute… Die Gnade der späten Geburt.

Er holt aus der Küche eine Flasche Champagner.

SIEGFRIED
          Ich wollte Marie-Claire nicht gleich
          hierher einladen. Vielleicht nächste Wo-
          che? Leider ist sie Lehrerin. Lehrer
          sein ist kein Beruf, behauptet eine be-
          freundete Ärztin, sondern eine Diagnose.
          Es ist natürlich ein Problem, wenn man
          beruflich per se immer Recht hat. Womög-
          lich benotet sie meine Leistungen beim
          Geschlechtsverkehr. Fleiß «sehr gut»,
          äußere Form «genügend». – Wenn ich Glück
          habe.

Er setzt sich entspannt zu seinem Computer, schaltet ihn ein.

SIEGFRIED
          Na, dann wollen wir mal schauen, was
          sich sonst noch getan hat.

Mehrere Mails kündigen sich per Ton an.

SIEGFRIED
(Schnauft.)

Der Singlemarkt ist völlig angebotsori-
entiert. Von Männerseite her betrachtet.
Ich weiß gar nicht, wo ich anfangen
soll. Die Männer meines Alters scheinen
eine wahre Katastrophe zu sein. Selbst
die jüngeren… Die werden mich noch kennen lernen - - - Irgendwie habe ich allerdings das Gefühl, hier treffen sich
keine Singles, sondern Heiratswillige.
Zumindest Beziehungswillige. Dabei will
ich doch nur ein wenig herumwildern. Ein
Trüffelschwein der Triebe sein. Schöner
Reim.

Er liest aufmerksam die Mails durch.

SIEGFRIED
Was es nicht alles gibt. - - - Dabei ist
im Grunde genommen alles so einfach. Und
kompliziert. Der Mensch will glücklich
sein. Steht sogar in der Verfassung der
USA. Waren immer schon Idealisten, die
Amis. - - -

Siegfried ruft seinen Sohn an.

SIEGFRIED
Mal sehen, was mein Sohn macht.

Er wählt ihn an. Sohn erscheint.

SIEGFRIED
Hallo Sohnemann.

SOHN
(Unfreundlich.)
Hallo Papa.

SIEGFRIED
Tut mir leid, dass ich gestern so, so,
na, unfreundlich war. Irgendwie ist es
mir lieber, nichts von Magda zu hören.

SOHN
Tut mir auch leid wegen des, … na, du
weißt schon.

SIEGFRIED
        Arschloch.

SOHN
        Sei nicht gleich so grob!

SIEGFRIED
        Ich meine wegen deines Wortes gestern.
        Das lautete doch Arschloch. Oder?

SOHN
        Ja - - - tut mir leid.

SIEGFRIED
        Ist schon okay. - - - Wie geht es Mama?

SOHN
        Schuldgefühle?

SIEGFRIED
                        (Wütend.)

        Nein! Dazu habe ich keinen Grund.

                        (Entspannter.)

        Hat sie Probleme?

SOHN
        Du musst jetzt nicht den Therapeuten
        raushängen lassen.

SIEGFRIED
        Ist keine Absicht. Jeder Humanist ist
        ein Therapeut. - - - Wieso geht es ihr
        nicht gut? Hat sie, ich meine, sie wird
        doch nicht, wie soll ich sagen, depres-
        siv sein?

SOHN
        Doch.

SIEGFRIED
                        (Entrüstet.)

        Ich wollte sie nicht verlassen. Sie hat
        mich vor die Tür gesetzt.

SOHN
        Du hast sie betrogen!

SIEGFRIED

     Von wem hast du dieses spießbürgerliche
     Denken bloß? Ich wollte mich nicht von
     ihr trennen. Außerdem war sie keine Non-
     ne. Höchstens bei mir.

SOHN

     Das interessiert mich nicht. Eure Prob-
     leme sind eure Probleme. Ich will mit
     denen nichts zu tun haben.

SIEGFRIED

     Okay. Sie ist also depressiv, weil sie
     mich vor die Tür gesetzt hat.

SOHN

     Nein, sie ist depressiv, weil Opa krank
     ist.

Langes Schweigen.

SIEGFRIED

     Nicht wegen mir?

SOHN

     Du überschätzt dich wieder mal.

SIEGFRIED

     Was soll das heißen?

SOHN

     Vergiss es. - - - Opa hat Krebs. Die
     Ärzte sagen, es dauert maximal vier Wo-
     chen.

SIEGFRIED

                  (Siegfried ist
                  bctroffen.)

     Vier Wochen? Das tut mir leid. Wirklich.

SOHN

     Jedenfalls kommt er diese Woche zu Be-
     such. Mit Oma.

SIEGFRIED

                  (Noch für sich.)

     Das arme Schwein. - - - Wir hatten ja
     nie ein gutes, was heißt gutes? Wir hat-

ten nie ein persönliches Verhältnis zueinander. Im Grunde war ich ihm immer zu minder. Komisch, er war immer so gesund. Naja, er ist auch schon 85.

SOHN

Er ist Mamas Vater!

SIEGFRIED

Schon klar. Und mein Schwiegervater. Zumindest bis zur Scheidung, also noch einen Monat. Naja, das überschneidet sich dann mit seinem Ableben.

SOHN

Du bist so … geschmacklos!

SIEGFRIED

Geschmacklos? Ich? Er hat mich sein Leben lang behandelt wie einen Untermieter seiner Tochter – und da redest du von meiner Geschmacklosigkeit?

SOHN

Ich mag ihn – und er stirbt in ein paar Wochen.

SIEGFRIED

Und der Tod ist der große Versöhner? Oder was? Über die Toten nichts als Gutes. Das große Vergessen. Der Mantel des Schweigens über das Leben. Der Mann war, pardon: ist eine gefühllose Karikatur eines Nazis.

SOHN

Papa! Er ist kein Nazi. Er war immer gut zu uns.

SIEGFRIED

Und zu seinem Schäferhund. – Vergiss es. - - - Warum erzählst du mir das überhaupt?

SOHN

Mama weiß nicht, wie sie ihm erklären soll, dass du nicht mehr da bist.

SIEGFRIED

                (Begreift.)

Achso. Das ist der Grund für ihre Depression. - - - Und ich dachte schon…

SOHN

Dass sie dich vermisst und du wieder bei ihr einziehen sollst?

SIEGFRIED

                (Schweigt betreten.)

SOHN

Hättest du das gerne?

SIEGFRIED

Ja.

SOHN

Ihr seid ein seltsames Paar.

SIEGFRIED

Kennst du andere?

SOHN

Naja, von außen wirken viele anders.

SIEGFRIED

Und? Glaubst du ihnen?

SOHN

                (Zögert.)

Immer weniger.

SIEGFRIED

Du wirst langsam erwachsen.

Dunkel

6.   TOD

Siegfried liegt mit offenem Mund im Sessel und übt das Sterben.
Nach einiger Zeit:

SIEGFRIED

                        (Sabbernd. Wie
                        nach Schlagan-
                        fall.)

    Mama. Mama. Mama. Hunger. Mama.

                        (Er richtet sich
                        auf.)

    Man muss sich auf den Tod vorbereiten.
    Übung macht den Meister. Bloß sterben
    geht nur ein einziges Mal.

                        (Sabbert wieder.)

    Aufhören. Sterben. Nicht Maschine.

                        (Normal.)

    Der Tod kommt täglich näher. Und zwar
    täglich um genau einen Tag. Das will
    bloß niemand wissen. Obwohl allen klar
    ist: Mit jedem Tag werden die restlichen
    Tage, die einem bleiben, weniger.

    In der Jugend ist einem das egal. Ob ei-
    nem 20.000 Tage bleiben oder nur 19.999
    ist objektiv gesehen wurscht. Bei, sagen
    wir, 4.000 restlichen Tagen wächst al-
    lerdings die Bedeutung des einzelnen Ta-
    ges täglich an. Eine Frage der Relativi-
    tät. Und niemand weiß, ob ihm noch 4.000
    Tage bleiben, es können auch bloß 100
    sein. Oder zwei. Dann verringert sich
    das Dasein täglich um 50 Prozent. Aber
    nur zwei Tage lang, dann sind es Null
    Prozent. – Ein Jammer.

    Und wenn Sie Pech haben, bleiben Ihnen

SIEGFRIED
        zwar 4.000 Tage, aber in der Intensiv-
        station. Ein paar Freunde kommen Sie
        noch besuchen, aber Sie haben nichts da-
        von, weil Sie längst tot sind, während
        die Medizin Ihr Herz am Pochen halten.

        Scheußliche Vorstellung.

                (Sabbernd.)

        Schwester, das Arsen.

                (Normal.)

        Kriegt man natürlich nicht. Im Normal-
        fall nehmen die einen nicht ernst. Schon
        gar nicht als alten Menschen.

        Kein Wunder in einer Gesellschaft, die
        schon einem jungen Menschen das Recht
        auf das eigene Leben abspricht. Und in
        der Folge auf den eigenen Tod.

        Die einen grölen, das Leben sei heilig
        und in der Hand Gottes, die anderen
        brauchen Gesetze, damit sie für nichts
        verantwortlich gemacht werden können.

        Nur der, der sterben will, bleibt auf
        der Strecke. Also am Leben. Das keines
        mehr ist.

        In solchen Fällen ist es gut, einen
        Freund zu haben, der Arzt ist. Und zur
        Stelle, wenn es so weit ist.

Holt seine Gymnastikbänder und trainiert.

SIEGFRIED
        Meine Mutter hat immer gesagt: Sieg-
        fried, trau keinem Menschen. Außer dir
        selbst. - - - Und selbst da musst du auf
        der Hut sein. Nur die Härtesten überle-
        ben. Fehlte gerade noch, dass sie Krupp-
        stahl, Leder und Windhunde zitiert hät-
        te.

SIEGFRIED

> Sie lebt übrigens noch, meine Mutter.
> Ihr einziger Ehrgeiz ist, dass sie mei-
> nen Schwiegervater überlebt, diesen al-
> ten Nazi. Ich habe ihr nicht gesagt,
> dass er bald tot ist. Ich möchte nicht,
> dass sie aus Freude vor ihm stirbt.
>
> Der Mensch ist ein Egoist. Wenn man mit
> Thomas Hobbes argumentiert. Verglichen
> mit der Natur ist der Mensch selbstlos
> und hilfsbereit. Selbst im Vergleich zu
> den Affen schneiden wir als Gattung re-
> lativ gut ab. Unser Problem ist bloß,
> dass wir neben Klopapier auch Atombomben
> erfunden haben. Dazu ist kein Affe im-
> stande. Glücklicherweise.

Er wechselt zu den Hanteln, trainiert weiter.

SIEGFRIED

> Ja, ich war bei meiner Frau. Wir haben
> Ehepaar gespielt. Eine hübsche Komödie
> für den lieben Opi.
>
> Meine Anwältin hat mir dazu geraten. Bei
> einem Rechtsstreit würde das ein gutes
> Licht auf meine Person werfen. Seit wir
> uns näher kennen, ist sie noch engagier-
> ter geworden. Emotionen spielen auch in
> der Justiz eine Rolle.
>
> Ich war natürlich neugierig, wie sie das
> hinkriegt, meine liebe, gute Frau.
>
> Das war vielleicht ein Schock! - Magda
> mit blonden Haaren und einem Kleid, das
> nichts verborgen hat. Als wäre sie 20.
> Selbst meine Kinder waren einigermaßen
> geschockt. Vor allem Anna. Sie steigt
> gerade ins Finanzbusiness ein.
>
> Magdas Eltern haben auch nicht schlecht
> gestaunt, halten das aber wohl für einen
> Frühling in unserer ehelichen Beziehung.

Der aufgelöste Mann © Erich Ledersberger

SIEGFRIED

Wenn die wüssten, dass ein Rechtsanwalt
ihre Tochter so jugendlich stimmt! Naja,
der Schwiegervater wird es nicht mehr
erfahren. Und die Mutter ist robust wie
der Panzer einer Schildkröte. Und min-
destens so sensibel.

Zwischendurch habe ich Magda mit dem
fremden Blick angesehen. So, als kennte
ich sie nicht. Da fand ich sie attrak-
tiv. Ja nahezu erotisch. - - - Aber lei-
der kenne ich sie! Sie ist im Bett, ent-
schuldigen Sie, langweilig. Wenn ich ge-
stöhnt habe, hat sie immer: Psst, ge-
flüstert, die Nachbarn könnten uns hören. - - - Naja, außer mit Robert. Das
Bärchen hat sie offenbar zu Höchstleis-
tungen angespornt. Sogar stimmlich. Wie
immer er das gemacht hat. Stille Wasser
sind nicht nur tief, sondern manchmal
auch laut. - - - Ich wäre jetzt so gerne
bei ihr. - - - Wahrscheinlich waren wir
nicht füreinander geschaffen. Jeder Topf
braucht einen Deckel, hat meine Mutter
immer gesagt. Und manchmal passt der Deckel besser auf einen anderen Topf.

Wir haben noch ein bisschen über die
Wirtschaftskrise geplaudert. Magdas Vater hat naturgemäß die Juden als Ursache
genannt, die Ostküste und wie der ganze
Schmarren auch immer heißt.

Ob ich sie deshalb geheiratet habe? Der
Jude in mir als Masochist? - - - Ich habe jedenfalls genickt und mir gedacht,
dass es vielleicht gut ist, vor die Tür
gesetzt zu werden? Zumindest in meinem
Fall.

Irgendwann bin ich eingeschlafen. Meine
Tochter hat mich geweckt und gesagt,
dass alles vorbei ist. Magda hatte es
sehr eilig, mich loszuwerden. Wahrscheinlich wartete das wilde Bärchen
schon.

SIEGFRIED
        Ich habe ein Taxi genommen und bin nach
        Hause gefahren. Also in mein neues Zu-
        hause.

                        (Er blickt um
                        sich.)

        Sieht schon ganz gemütlich aus.

        Und das Service hier ist besser als bei
        Magda. Gestern hat mich der Portier de-
        zent gefragt, ob ich vielleicht bestimm-
        te Dienste in Anspruch nehmen will. Als
        Sexualtherapeut hätte ich gleich wissen
        müssen, was er meint. Aber ich bin
        manchmal etwas begriffsstutzig. Jeden-
        falls brauche ich keinen Hostessen-
        dienst! Erstens prinzipiell und zweitens
        komme ich schon mit den Angeboten auf
        den Plattformen terminmäßig nicht zu-
        recht.

*Siegfried beendet erschöpft sein Fitnessprogramm und holt sich
ein Glas Wein.
Setzt sich ratlos vor sein Notebook.*

SIEGFRIED
        Einschalten oder nicht einschalten, das
        ist hier die Frage.

Er schaltet ein, viele Meldungen folgen.

SIEGFRIED
        Nein. Genug für heute.

*Er schaltet wieder aus.
Dunkel.*

7.   BEGINN

Siegfried kommt beschwingt herein.
Abend.
Er ist glücklich.

SIEGFRIED
                    (Bleibt nachdenk-
                    lich im Raum ste-
                    hen.)

        Seltsam.

                    (Er schaltet au-
                    tomatisch seinen
                    PC ein.)

        Das sollte nicht passieren. Nicht in
        meinem Alter.

                    (Er holt – wie
                    immer – eine Fla-
                    sche Wein, ent-
                    scheidet sich
                    dann für Sekt.)

        Ich hatte mal eine Klientin, die war 75
        Jahre. Sie kam zu mir, weil sie nicht
        wusste, ob sie mit ihrem Jugendfreund –
        na ja, das klingt etwas seltsam – also
        jedenfalls, ob sie mit ihrem Freund
        schlafen soll oder nicht. Er sei immer-
        hin schon 80.
        Ich habe sofort bei der EU das For-
        schungsprojekt «Sex im Alter» einge-
        reicht. Natürlich nicht unter diesem Ti-
        tel. Ich habe das Projekt «Postmoderne
        geriatrische Sexualität und ihre Konno-
        tation im Umfeld europäischer Multikul-
        turalität» genannt. Oder so ähnlich. Der
        Mann war nämlich Ägypter. - - -

        Ich dachte, das hätte nichts mit mir zu
        tun. Und jetzt das. - Kribbeln im Bauch.

SIEGFRIED
Schwindelgefühle im Kopf. - Nach einem
Glas Wein wie besoffen. Normalerweise
brauche ich dafür zwei Flaschen. - - -
Und dann ist mir bloß übel. Aber nun:

                (Er tänzelt über
                die Bühne.
                Singt.)

«I´m singing in the rain
What a glorious feeling,
I´m happy again.»

Verliebtsein macht das Leben billig. Ein
Rezept für die Rezession. Leute, verliebt euch! Dann braucht ihr kein Internet, kein Auto, keinen Urlaub -

«I'm laughing at clouds
So dark up above
The sun's in my heart
And I'm getting ready for love»

Vor allem Männer sollten sich öfter verlieben. Alle Männer. Zum Beispiel Osama
bin Laden. Oder Ahmadi-Nejad. Oder
Netanyahu. Donald Trump. Oder Basti
Kurz. Ich meine nicht so wie Berlusconi.
Nein, richtig verlieben. So dass einem
keine Macht mehr interessiert. Keine Po-
litik. Kein Krieg. Verliebte sind fried-
lich. Und fröhlich. Solange sie keine
Angst haben. Angst ist der Feind der
Liebe. Darum brauchen alle, die nicht
lieben können, ängstliche Menschen. Liebe macht stark. Liebe macht frei. Liebe
ist der Feind aller Dogmatiker. Darum
hasst die katholische Kirche alle, die
das Gebot der Nächstenliebe ernst neh-
men.

                (Er stockt.)

Andererseits: Was sind die Folgen?

Der PC meldet mehrere Mails.

SIEGFRIED

 Sie heißt übrigens Renate. Und ihr Mann
 ist Rechtsanwalt. Nicht irgendein
 Rechtsanwalt, sondern mein ehemaliger
 Freund Robert. Er hielt seine Frau immer
 unter Verschluss. Jetzt weiß ich auch,
 warum. «A schoafe Frau» würde unser Ex-
 Vize sage. Tja, die Welt ist ein Dorf.
 Die Provinz erlebt ein Revival.
 Ich habe Renate nicht gesagt, dass wir
 uns kennen. Indirekt sozusagen.

Audionachricht.

RENATE

 Lieber Siegfried, das war ein wunder-
 schöner Abend mit dir. Ich habe Schmet-
 terlinge im Bauch. Geht es dir auch so?
 Ich hoffe es! – Was ich vergessen habe,
 dir zu sagen: Mein Mann ist gestern aus-
 gezogen. Zu seiner Freundin. Der Platz
 neben mir ist leer.

SIEGFRIED

      (Siegfried drückt
      auf die Stopptas-
      te.)

 Nein! Bitte nicht. Nicht nochmals von
 vorn! Obwohl. Andererseits. - Ein Freund
 von mir ist mit 55 Vater geworden. Der
 Mann ist fix und fertig. Als ich mit ihm
 das letzte Mal telefoniert habe, erzähl-
 te er mir von den ersten Zähnen seines
 Sohnes. Und wie toll das Windelwechseln
 sei. Ist ja in Ordnung, wenn man jung
 ist. Aber mit 55!

      (Hört die Nach-
      richt weiter ab.)

RENATE

 Lass uns einen neuen Anfang machen. Das
 Leben ist so kurz. Und ich bin so einsam.

     (Stoppt wieder.)

SIEGFRIED

　　　Einsam! Ist das nicht jeder? Irgendwie?
　　　Und ist man weniger einsam, wenn man zu-
　　　sammen lebt?

　　　Es reicht doch, verliebt zu sein! Warum
　　　gleich das Bett miteinander teilen? Das
　　　macht alles kaputt! Dauer killt Leiden-
　　　schaft - so ist das nun mal. Ist sogar
　　　biologisch begründet - das Gehirn stößt
　　　nur dann Opium aus, wenn es etwas Neues
　　　erlebt. Wer ist schon neu am Morgen da-
　　　nach? Nach einem Jahr? Bestenfalls ist
　　　man erschöpft. Das ist aber schon ein
　　　Glücksfall.

　　　Verliebtsein ist schön. Danach kommt der
　　　Alltag. Wer hält den schon aus?

　　　Die Mühen der Eben beginnen - kochen,
　　　essen, Urlaub planen, übers Geschäft re-
　　　den. Irgendwie schön.

　　　　　　　　　(Stellt Sektfla-
　　　　　　　　　sche weg, öffnet
　　　　　　　　　Wein.)

　　　Was mache ich jetzt? Zu Renate ziehen?
　　　Und wieder das große Spiel vom kleinen
　　　Glück spielen? Nein, dann lieber allein
　　　bleiben, die Freiheit genießen. - - -

　　　Andererseits: wer ist schon gern allein?
　　　Die langen Abende vor dem Fernseher. Die
　　　Suche nach einem Lokal, wo Menschen da-
　　　rauf warten, dass ein anderer kommt und
　　　sie erlöst.

　　　Kennen Sie den Witz vom Rabbi, der einen
　　　Streit schlichten soll? Erst hört er
　　　sich den Standpunkt von Moishe an und
　　　sagt, da haben Sie recht. - Dann hört er
　　　sich die Geschichte von Heschie an und

SIEGFRIED
        sagt, da haben Sie recht. - Da sagt
        Moishe, aber wie kann er recht haben und
        ich auch? - Da sagt der Rabbi, da haben
        Sie wieder recht.

        So ist das Leben - dauernd Entscheidun-
        gen. Und immer spricht vieles dagegen
        und etwas dafür.

Setzt sich an den PC.
Tippt emsig.
Stimme aus dem Lautsprecher:

PC-STIMME
        Wollen Sie Ihr Profil wirklich löschen,
        Silvio?

SIEGFRIED
        Ja.

PC-STIMME
        Wollen Sie Ihr Profil wirklich löschen,
        Egmont?

SIEGFRIED
        Ja.

PC-STIMME
        Wollen Sie Ihr Profil wirklich löschen,
        Robert?

SIEGFRIED
        Ja.

Siegfried beendet das Programm, schließt den PC.
Nimmt das Telefon und meldet sich beim Portier.

SIEGFRIED
        Hase, Apartment 6 - bitte sagen Sie al-
        len, die anrufen oder mich besuchen wol-
        len, dass ich ausgezogen bin - - -

        Sie kennen meine Adresse nicht. - - -

        Ja, ich bleibe noch ein paar Tage.

Er legt auf und holt sich ein Glas Wein.

SIEGFRIED
        Sie sollten jetzt nach Hause gehen. Ich
        muss nachdenken.

        Und dabei hilft einem niemand. Wie beim
        Sterben.

        Soll ich gehen? Soll ich bleiben? Jede
        Entscheidung ist ein Tod. Ein Tod für
        die anderen Möglichkeiten.

        Gehen Sie nach Hause.
        Bleiben Sie bei Ihrem Mann.
        Bleiben Sie bei Ihrer Frau.
        Oder gehen Sie.
        Lassen Sie das Leben vorüberziehen.
        Oder fallen Sie hinein.
        Trennen Sie sich!
        Bleiben Sie zusammen!
        Aber vergessen Sie nicht:
        Es ist Ihre Entscheidung.

        Meine kenne ich noch nicht.
        Ich bin Psychoanalytiker. Ich brauche
        etwas länger.

Dunkel.

34 Haiku von Erich Ledersberger und
34 Radierungen von
Ursula und Dietmar Tiefengraber.

Hardcover
76 Seiten
ISBN-13: 9783744800983
erschienen 2019 bei BoD
€ 18,00
https://kakanien.eu/publikationen/
https://www.bod.de/buchshop/

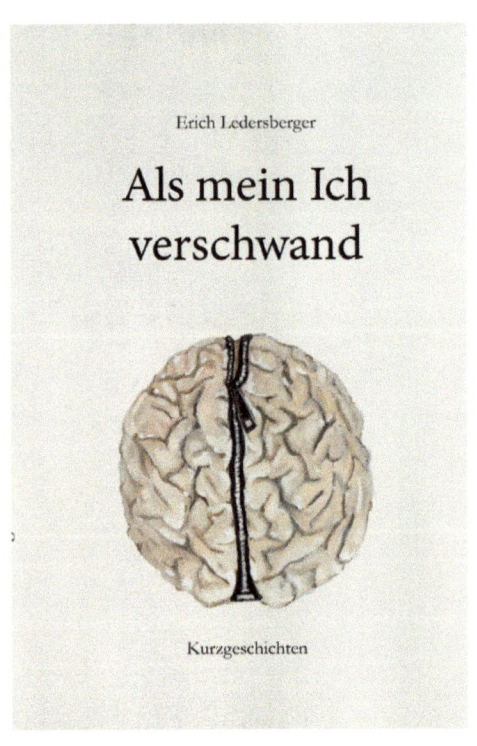

12 Kurzgeschichten, die in der Wiener
Zeitung so rezensiert wurden:
Schonungslos ehrlich
Zwölf Kurzgeschichten über die meist
unausgesprochene Seite des Ichs. Wenn
Frau Schuster nach Jahren der lähmen-
den Müdigkeit den Tod ihres Mannes
als Befreiungsakt einer neuen Jugend
empfindet. Wenn Karin sich insgeheim
ärgert, die glänzend schwarze Pistole
des Vaters versteckt und dessen Mord-
pläne durchkreuzt zu haben. Dann
zeigt der Autor in seiner Sammlung
Kurzgeschichten erfrischend authen-
tisch jene Seite des Ichs, die schonungslos ehrlich ist - und doch meist
unausgesprochen bleibt.

Hardcover
116 Seiten
ISBN-13: 9783744809887
erschienen 2017 bei BoD
€ 18,00
https://kakanien.eu/publikationen/
https://www.bod.de/buchshop/

Neun gesammelte Kurzgeschichten erzählen in berührender und spannender Weise von dem, was man Leben nennt. Gnadenlos wird da zum Beispiel Gerlinde, die Checkerin, die als Marketing-Expertin jeden ihrer Kunden zu durchschauen glaubt, unvermittelt auf eine abgrundtiefe Fehleinschätzung gestoßen. Hartmut indes trinkt allzu oft zu viel Wein. Was er damit hinunterschwemmen möchte, ist ein Konvolut aus einst überengagierten Eltern, einer fehlgeleiteten Karriere als Pianist.

Hardcover
140 Seiten
ISBN-13: 9783735793805
erschienen 2014 bei BoD
€ 16,90
https://kakanien.eu/publikationen/
https://www.bod.de/buchshop/

Maria fährt mit ihrem Auto nach Süden, raus aus ihrer Heimat, einer Kleinstadt in Tirol, Bayern, jedenfalls der Provinz. Nach Trient geht die Reise, vorläufig. Später nach Venedig, zu ihrer Tochter Anna. Sie ist, wir werden es im Laufe des Films erfahren, die Ursache für Marias Flucht aus ihrem alten Leben oder sagen wir es positiver: für ihre Ankunft in einem neuen Leben.

Erstmals erschienen im Verlag Kyrene, Restexemplare beim Autor erhältlich.

Hardcover
128 Seiten
€ 18,00
https://kakanien.eu/publikationen/